Rapsodia del alma

Elena Cases

Copyright © Elena Cases Valle 2021

Autora inscrita en el Registro Central de Autores y Editores.

Diseño de portada por "Easy cover" BoD

Foto de portada Elena Cases

Impresión y editorial: BoD – Books on Demand

info@bod.com.es — www.bod.com.es

Impreso en Alemania – Printed in Germany

ISBN: 9788411230056

Dedicatoria

A… El que pensaba que no existía,
el amor de mi vida…
A todos los que me han ayudado a cumplir un sueño…
A mi familia, a mi hijo Javi que lo adoro.
Los sueños e ilusiones alimentan el alma... mi agradecimiento a
Juan José Donaire García… Sin él, esto no hubiera sido posible.

Elena Cases

Poesía y prosa poética

Suspiros soñados.

Deambulo por tu mente,
cierras los ojos y casi me sientes.
Paseo sutil, caprichosa
y con la mirada sinuosa.

Una canícula de sensaciones
se adentra en tu cuerpo,
invadiendo así tu ser
carente de arrebato
y de pasión desértico.

No quieres despertar...
Solo sucumbir al deseo.
¡Soñar y suspirar!

———————

Respirando dolor.

Respiré el dolor que el silencio
produjo cuando sentí
de tu corazón
la ausencia del latido.

La soledad afligida
se hizo demoledora,
y el vacío se hizo eco
del momento vivido.

El aliento exhaló sonidos
de quejidos con lamento,
que dejó el sentimiento aterido,
dando paso al sufrimiento
del alma exenta de abrigo.

Mi mundo se siente solo y enmudecido.

———————

Sentimiento en la piel.

Me siento como ese sentimiento
que nace de la piel de los enamorados.
Que impulsa el corazón
haciendo acrobacias,
y desprende aromas
como las flores de las acacias.

El besar de tus besos
se asemeja a la sutileza del terciopelo.
El mirar de tu mirada me atrapa,
y ya en el alma se queda varada.
Amarte, no es solo quererte y desearte…
Es sentir el infinito de lo bonito.

————————

Si pudieras.

Si pudieras... Ver el color de la vida cuando yo te veo, pintarías
acuarelas de amor en las mañanas de invierno.
Si pudieras... Sentir la sensibilidad de mi piel cuando yo te siento,
vibrarías aromas de emociones en cada pliegue de tus rincones.
Si pudieras... Oír el sonido de la pasión cuando yo te oigo,
suspirarías poemas de te quieros acompañados con sabores de
besos.
Si pudieras…

———————

Tu alma enredada.

Aquí, tumbada mirando el atardecer desde mi ventana.
Las nubes me dibujan versos, y hacen escribir las letras de amor
que anidan en mi corazón.
El cielo azul anaranjado, me hace soñar con el calor de tu cuerpo
al sentirse abrazado.
El aire se torna en forma de brisa.
Y respiro besos etéreos al recordar las líneas de tus labios, que
hacen latir a mis instintos más primarios.
Siento el anhelo de la pasión incandescente, al recordar el color
de tu mirada que se quedó enredada en mi alma.

———————————

Vivir amándote.

Si tengo una vida para amar,
quiero morir en el suspiro de tu piel y resucitar.
Que seas lo último que vea al dormir y lo primero al despertar.
Que me acompañe el aroma de tu ser en cada amanecer.
Que las noches rebosen derroches de pasión, y el sonido de
nuestros gemidos sea nuestra mejor canción.
Que vivamos sueños eternos... donde el amor nos abrigue los
inviernos

———————

Tú, mi universo.

La nitidez de tu mirada abre las puertas de miles de universos.
El alboroto de tu risa resuena cuál eco en la montaña.
La calidez de tus abrazos reconforta cualquier desolado corazón.
Tu inestimable presencia que se siente si tan solo se piensa.
Y qué decir de tu alma... Tan inmensa, como la luz que emite la
luna llena en un firmamento de estrellas.

———————

La tristeza del alma.

La tristeza del alma dio paso al crepúsculo del corazón.
Se fue apagando, dejando carente de pasión la emoción.
El dolor acentuó el peso de las cadenas que provocó tu
despedida, e hizo de la aflicción el camino hacia la condena.
Una herida abierta mantuvo la desesperación despierta.
Bailé con el silencio, y tuve que aprender a respirar de nuevo.
Un nuevo horizonte atisbé… un nuevo amanecer donde las flores
de la vida volvieron a florecer.

———

Tu ausencia.

Y el pecho se me hizo de noche,
el corazón sintió el frío de tu ausencia
que ya no le deja latir con vehemencia.
El suspiro quedó enmudecido.
Mi alma perturbada
se quedó exenta de habla y arrodillada.
El recuerdo del sabor de tus besos sigue latente,
invade mi razón y se torna hiriente.
Ya no vuelan tus versos de amor sobre mí cielo,
mis estrellas ya no fulguran...
Ahora, guardan el luto de tu despedida.

———————

Pensando en ti.

En esta noche gélida y oscura, mirando al cielo no brillan las
estrellas, ni llueven lágrimas de Perseidas.
Deambula por mi mente la inspiración, dando protagonismo al
sentimiento del corazón.
Se acelera, al recordar cuando tus ojos me hablan de te quieros, y
me hacen suspirar.
Cuando nuestros labios se fusionan, y crean la magia de un beso
de amor.
Donde dos almas etéreas vuelan errantes, viviendo bellos
momentos de pasiones inquietantes.

———————

Soñando contigo.

Hoy he soñado que estabas a mi lado, porque' el corazón no
entiende de distancias ni lejanías.
Solo se' que el universo se detiene con una mirada tuya, y que mi
alma se desprende y comprende que lo que siento es para
siempre.
Que no existen las horas, ni los minutos, ni los segundos.
Porque el verdadero amor no tiene fecha, ni duración.
Es eterno y siempre perdurará en el tiempo, viviéndolo con
intensidad, con apasionada emoción.
Le susurro al viento que sea el portavoz de mis versos, y que me
esperes ahí, donde siempre... en el cielo infinito de tus sueños.

Que no se te olvide.

Que no se te olvide que no te olvido.
Que en las mañanas de invierno, si te pienso ya no tengo frío.
Que mi corazón, por la inquietud se siente asediado si no puede
estar contigo.
Que mis ganas, son delirios que enmudecen si me falta de la
pasión, el gemido.
Que sin tus abrazos, ya no hay amaneceres rellenos de cariño.
Que son tus anhelados besos, los que tornan más azul mi cielo.
Que cada letra de mis versos, están escritas de trocitos de amor
para ti.
Y el alma, se me llena de grietas... sin ti.

———————

Amor sempiterno.

Si tuviera que nacer de nuevo, te encontraría lo antes posible.
Ese sería mi epitafio cuando me fuera de este mundo.
Me iría con el cuerpo desnudo, pero con el alma repleta de amor,
un amor que te profeso desde lo más profundo.
Mi corazón se apagaría... sí, pero no se extinguiría.
Vagaría errante esperando encontrarte, y una brisa etérea
envolvería el tiempo que vivimos.
Me convertiría en mariposa, volaría sobre tu memoria, para que
no olvides que yo fui la protagonista de tu historia.
No tendría aflicción ni pena, porque sé que cuando volviera a
nacer mi vida estaría junto a la tuya, y me faltarían horas para
hablarte de las horas que necesitaría para amarte.
Si amarte es pecado... El infierno es solo mío.

———————

Tú, mi alma.

Mientras dibujo un firmamento de besos sobre tu piel, dejó atrás
el miedo con tu alma entre mis dedos.
Mis versos de amor se tornan notas musicales, que acentúan el
latido de la vida en la pasión de cada momento vivido.
Los momentos contigo, son como tocar el cielo sin moverse del
suelo, y una mirada tuya ralentiza el tiempo.
Que un te amo de tus labios, es una sinfonía de anhelos
suspirados, y los sentimientos ya instalados en mi corazón, son un
universo donde vuelan infinitas las emociones, haciendo que mi
mundo respire halos de cariño inconmensurables.
Sentir lo que siento, me acompaña en todo momento...
Amor verdadero, amor eterno...

———————

Mirando el cielo.

El sentimiento que respiro inmarcesibles es tan surrealista como
creíble.
Me gustaría ser vidente, para ver si la vida me dejaría saborearte
lo suficiente.
Que en tu cama me dibujes antes de dormir cada noche, y vuele
hacia mí la pasión etérea hecha derroche.
Y nos pensemos mirando el mismo cielo, donde a cada estrella le
cuente como estoy y sepas lo que hay.
Le pido a la luna, que proyecte tu imagen sobre su halo, para
poder verte de nuevo, que ese instante lo ralentice el tiempo, y la
imagen me acompañe para siempre en mis sueños.
Dicen que el mundo es redondo, que lo que se acabó puede
volver a empezar de nuevo,
Quien sabe... solo sé que el destino a veces caprichoso, actúa con
desatino, aunque sea el maestro de ceremonias de nuestro
camino...
Y seguiré mirando el cielo cada noche.

———————

Pensándote.

Aquí, sentada, con la mirada ausente y sin decir nada…
pensándote.
Tienes el don de parar el tiempo, y hacer de mi vida un compás a
destiempo.
Y en silencio grito, el eco en mi cabeza reverbera tu nombre, y su
sonido es como un azote para mis sentidos.
Cierto los ojos, y soy como una melodía que suena al piano,
tocada por tus manos que perfuman el momento, como el aroma
de las flores en primavera.
Respiro... y solo exhalo suspiros.
Y lo inefable de mis emociones se instalaba aquí en mi pecho,
haciendo que mi corazón vibre de pasión por derecho.
Y este sentimiento perdurable nunca quedará de latido exento.
Si tuviera que nacer de nuevo, haría lo imposible por encontrarte
lo antes posible.
Porque mi alma... mi alma no tiene vida sin ti.

Amor infinito.

Grito en mis silencios el amor que te profeso.
El eco reverberado se agolpa en mi cabeza, que alimentada por el
corazón ya no piensa en momentos abatidos por la tristeza.
No solo quiero soñar, quiero vivir un mundo real, donde las
mariposas no sean etéreas se tornen de verdad.
Y en las frías noches de invierno ser el edredón que abrigue tu
cuerpo.
Y en las cálidas mañanas ser la almohada que repose tu cariño.
Amarte hasta el infinito, y sentir la vida contigo.

———————

Escribiéndote...

Escribirte, es como una ventana llena de vida en medio de un
desierto.
Donde los sentimientos fluyen como el agua de un oasis.
Donde las pasiones son aluviones de emociones.
Donde los besos son las letras que escriben mis versos, y los
abrazos se sienten como el suave tacto de dos lazos.
Donde mirarte es la poesía interminable de mi vida.
Y amarte es el poema sempiterno de mis días.

———————

Amor equidistante.

Tu amor es el punto equidistante entre mi corazón y mi alma.
Es como una caricia suspirada para mis sentidos.
Mi cuerpo versado por tus besos, sucumben a la poesía de tus
manos.
El sentimiento de la piel toma vida, y cada poro se torna en una
estrella fulgurada, que va volando en un cielo de indómitas
pasiones.
Donde la dulzura se vuelve locura, y el deseo abraza el momento.
Y, nos quedamos ahí... Inmóviles, con las miradas latiendo y los
delirios palpitando.
Un amor inconmensurable, haciendo que la emoción sea un
regalo de la vida.
Cierro los ojos, te pienso y sonrío. Solo quiero sentirte, no tan
solo soñarte.
Amarte... Nunca fue tan hermoso y vibrante.

———————

Solo sé lo que sé…

Solo sé lo que sé…
Y no sé porque mi corazón tiene alma propia desde que te
conocí.
De mí pensamiento se adueña y de mi amor se alimenta.
Es el vigía del faro donde deambulan mis sueños.
Es la conexión etérea que vuela como un susurro, haciendo que
desde la distancia caminemos juntos, al unísono.
Cada vez que te pienso, la palabra amor toma otra dimensión... Y
suspiro.
Se asemeja al tamaño de una gran supernova, iluminando mi ser,
donde el deseo enardece y mi piel se estremece.
Y miro con los ojos cerrados, veo los momentos de recuerdos
atesorados.
Cuerpos entrelazados, besos con alma, amor infinito.
Y escucho... No sabía que el sonido tenía color, hasta que de tus
labios brotó la suave caricia
de tu voz.
Y seguiré pensando.
Seguiré soñando.
Seguiré esperando.
Quizá en un futuro... Quizá en otra vida.

———————

Dime cómo hago ahora…

Dime cómo hago ahora... Para desnudar las horas vestidas de
terciopelo y seda, esas que protagonizaron tus labios en mi ser
cada atardecer.
Dime como hago ahora… Para borrar los tatuajes que dibujaban
tus manos, recorriendo cada milímetro de mi piel.
Dime como hago ahora... Para que cuando te piense cada noche
sobre mi almohada, no brillen mis estrellas.
Dime como hago ahora... Para que los te amo de tus labios
vuelen errantes, etéreos por un cielo de versos perdidos.
Dime como hago ahora... Para que nuestras almas ya no
bailen melodías de amor eternas, e inefables baladas de cariño.
Dime.... ¿Dime, cómo hago ahora?

———————————

Esperaría cien vidas.

Y le daré tiempo al tiempo, y buscaré la manera de que el latido
de mi corazón, no sé pierda entre caminos angostos de Tristeza y
desolación.
Y le sonreiré' a la vida, volverán mis alas a volar de nuevo sobre
un cielo de amor.
Donde lo onírico y lo etéreo, no serán quimeras que se me
antojen difíciles de alcanzar.
Y los versos que de mi pluma fluyan, no sé tornaran ingrávidos
deambulando en el vacío que dejó tu ausencia.
Y lo inconmensurable del sentimiento, anidaré por siempre en el
palpito que habita en mi pecho.
Y las mariposas incesantes aletearan, sintiendo de nuevo sonidos
de baladas, bailando al son de dos almas entregadas.
Y escucharé de nuevo....
Esperaría cien vidas por caminar una contigo.

———————————

Te fuiste de nuevo.

Desolación, frustración....
Te fuiste de nuevo.
Momentos atesorados en el corazón.
Creí que llorando podría aliviar mi pena, y así poder seguir
caminando.
Pero, se hizo de noche aquí en mi pecho, la aflicción baila con la
soledad entre tinieblas.
Echarte de menos no sé sí es una prueba del destino.
Solo sé, que me duele el dolor que me provocó tu ausencia.
Te amo con toda mi alma... me decías.
Visualicé tu rostro, tus ojos, tus labios.
Fue' lo último que vi antes de morir, antes de resurgir de mis
propias cenizas.

———————

Si me recuerdas.

Si me sueñas... Piénsame
Si me piensas... Recuérdame
Y seré como esa lechuza blanca, bella, majestuosa, que vuela libre
por tu mente, merodeando por el cielo de tu corazón.
Allí andaré y en su latido permaneceré.
Y aleteare' mis alas con el sonido de su tic tac, seremos uno.
Y al unísono, seremos dos seres mimetizados, suspirando lo
inefable del sentimiento más nítido, más puro, que jamás haya
podido existir.
Nuestras almas se fundirán en un abrazo etéreo, y sus auras
fulguraran en sincronía, irradiando una luz tan brillante como un
firmamento lleno de estrellas.
Y así... Este amor se tornará sempiterno, porque hay seres que
nacieron para amarse eternamente.
Y la eternidad es infinita... y lo infinito eres tú.
Si no tardas mucho... te espero toda la vida.

———————

Sueños.

Despierto de mi sueño, aunque mi cuerpo sigue dormido.
Y cierro los ojos, tomo aire y respiro.
Soy la voz susurrada de tus sueños, que cada noche te canta
melodías de te quieros, brotando de mis labios hálitos de amor
suspirados.
Mi alma se sentía arrebatada cuando me decías: No te cambiaría
por nada.
Como una cadena de versos encadenados, hablaban nuestros
corazones emocionados.
Eres el poema inacabado que escribiría toda la vida.
Eres la música que va marcando el tempo de mi día a día.
El sentimiento de la pasión vive conmigo, no sé soñar si no es
contigo.
Nací para soñarte.
Nací para amarte.

———————

Mi locura.

Cierro los ojos... y se me estremecen los sentidos pensando en los
momentos vividos.
Siento la calidez de tus abrazos, que son como versos de amor
entrelazados.
El besar de tus labios, que se quedaron impresos más allá de lo
imaginario.
La pasión del instinto, despertando en mí lo adormecido, y
recibiendo amaneceres suspirados de gemidos.
No quiero despertar, solo quiero soñar y desde lo onírico
contemplar que tú eres el que mi alma hace temblar.
Porque tu orden es mi desorden, tu caos es mi caos, tu locura es
mi locura, y mi locura eres tú... Mi locura.

———————

Tú.

Tus labios, dejaron la huella impresa de un beso efímero del
momento, pero indeleble en el tiempo.
Tus manos fueron un devaneo por las comisuras de mi piel, que
se quedaron grabadas como cual piedra a golpe de cincel.
Tu voz se transformó en una armonía reverberada, que se cernió
en los entresijos de mi alma... Y que ya se tornó por siempre
perturbada

———————

Cuando no estás.

Cuando no estás, siento la nada, oscura y fría.
Como la que se encuentra en el espacio más profundo, ese donde
no existe la luz de las estrellas, ni las galaxias, ni los cometas.
Cuando no tengo la calidez de tus abrazos, me invade una
soledad abrumadora, gélida, como esa que existe en el lugar más
helado y glacial de la tierra.
Cuando no tengo la nitidez de tu mirada, siento una lluvia salada,
que brota de mi corazón y que mis ojos derraman.
Cuando no tengo tus sedosos labios, que se me antojan como el
algodón y me saben a almíbar, siento la hambruna del deseo.
Mi corazón derrotado se declara en huelga de amor, y mi alma se
desprende de su aura.
Ya, no tiene sentido hacer latir a mis sentidos.
Ya, mi alma no navega por el mar que ilumina el faro de tus ojos.

———————

Así te siento.

Como el oxígeno que se respira en la más alta de las montañas.
Como el torrente de agua que fluye de una inmensa cascada.
Como el sonido del viento que ruge con fuerza y se convierte en
bramido.
Como la suave caricia del sol en una tarde de primavera.
Como el aura que desprende la luna llena en la noche más oscura.
Como el beso de los besos y la sonrisa de la vida.
Así te siento...

———————

Otoño.

En el otoño, con la caída de la hoja se me desnuda el alma y eso
me acongoja.
Sentir y decir lo que me mueve por dentro, hace que emerja esa
inquietud que radica en mi interior, donde tiene su epicentro.
La sensibilidad aflora y me desabrocha el alma, que hace que
sienta, vibre y desaparezca mi calma.
Tiempo de recuerdos que alteran mis pensamientos, y los pone
en desacuerdos.
El corazón y la razón a veces no pactan coalición, hay que dejar
pasar el tiempo, y esperar a que todo vuelva a su ritmo y tempo.
Llegará el invierno...
Se atisba un nuevo horizonte, donde la serenidad y las sonrisas
serán polizones.

———

Dónde fueron...

Dónde fueron las palabras, las que se dicen cuando se rellenan los
espacios en silencio.
Esas que perturban, y hacen del momento un paréntesis en el
tiempo.
Dónde fueron las miradas, las que se sienten cuando dos almas
caminan entregadas.
Esas que abruman, haciendo que la respiración se contenga y el
mundo se detenga.
Dónde fueron los besos, los que hacen que afloren los instintos y
los deseos.
Esos que no te puedes despegar, y aparece un halo mágico que
hace tu razón desestabilizar.
Añoro todos esos momentos,
Dime.... ¿Dónde fueron?

———————

A tu lado.

Quiero vivir corriendo y sentir que se para el tiempo.
Percibir que a tu lado la vida es más vida, y nuestro amor
mantenga la llama encendida.
Que nos arranquemos la piel a besos como animales, y esos
momentos especiales culminen en fuegos artificiales.
Que la luz de las estrellas nos fulguren el mismo cielo.
Y soñemos amaneceres con abrazos de terciopelo.

———

Dando amor.

Un abrazo de oso, cuando te sientas derrumbado y roto.
Una tierna mirada, cuando tu alma está quebrada.
Un inesperado te quiero, con ganas y sin miedo.
Tus lágrimas besar, para tus penas poder aliviar.
Desear tu bienestar para que tu vida pueda continuar...
Porque lo demás no importa.

———————

Cuando...

Cuando te pienso… suspiro
Cuando te miro... me inspiro
Eres, el que con pasión hace que mis versos fluyan cuando
escribo.
Soy fiel al aroma de tu piel, que me recuerda al dulzor de la miel.
Al inquietante sonido de tu respiración, que me altera y me eleva
a otra dimensión.
A la locura de tus besos, que hacen temblar mi alma y mis sesos,
ardiendo en mí así…mis deseos.

———————

Deseos.

Déjame en esta noche que sea yo tu secreto.
Que sea tu arrebato más inmediato.
Que la mágica luna sea testigo de nuestro acto.
Las estrellas nos arropen con su manto, y en la mañana me
regales una sonrisa de esas con encanto.
Y me digas.... Nadie como tú me ha dado tanto.

———

No quiero.

No quiero que me ofrezcas la luna... quiero ser la luna que te
ilumine, y haga de tus noches un cocktail de pasiones mágicas.
No quiero ser la imagen con la que tú sueñes despierto... Quiero
ser el sueño de tu vida.
No quiero que me ofrezcas una vida de colores... quiero ser el
arco iris en tu vida.
No quiero que me quieras con el alma... quiero ser por siempre tu
alma eterna.

———————

Tu perfume.

Quisiera preservar tu perfume para llevármelo puesto.
Atesorarlo gota a gota, generando un oasis de aromas y
sensaciones.
Derramando así..... Un incesante goteo de delirios y pasiones, que
se torne en una lluvia derramada, invadiendo mi ser y habitando
en las comisuras de mis rincones.

———————

Tu recuerdo.

Tumbada en la cama, reposo la frente sobre el colchón del
recuerdo.
Allí anidan abrigos de abrazos y besos de fuego, donde aún
siguen ardiendo y el corazón a latidos se va consumiendo.
La voz de tus labios, llenos de sonrisas, merodean por mi mente
con argumentos y sin prisas.
El mirar de tus ojos proyectores de magia, deambulan sin previo
aviso, habiéndome soñar pasiones y amores de paraíso.

———————

Corazón enmudecido.

Sentí el vacío que deja el momento enmudecido, cuando el
corazón se siente solo y dolido.
Las palabras de amor se quedan ancladas en el olvido., ya no
cuentan las historias de los te quieros vividos.
Siento el sentir que produce la desolación del frío del alma.

———————

Momentos desvanecidos.

Los labios afligidos que no tienen respuestas, ya no reciben besos
con melodías de orquestas.
La música que los envolvía, se disipó como una exhalación en el
tiempo, dejando una estela errante del recuerdo., que
perdurará como un suspiro en la memoria del silencio.

———————————

Si pudiera.

Si pudiera detener el tiempo, ralentizaría el mar de tu mirada, para
que permaneciera en mi corazón anclada.
Si pudiera congelar el momento, conservaría el deseo ardiente de
tu beso, para que su sabor permaneciera en mi boca impreso.
Si pudiera pausar el instante, oiría el sonido de tu voz para que se
hiciera eco de tu te quiero, y ser del amor el portavoz.
Si amarte es pecado… El infierno es solo mío.

———————

Musas.

Esas musas que vienen a visitarme, tienen el poder de inspirarme.
Hacer de la sutileza y la dulzura el modo de expresarme, y cuando
de emoción y pasión se trata, me seducen... y vienen a contarme.
Son aquellas que se pasean por mis sueños, y que cobran vida
entre textos y versos.
Rimas y anhelos plasmados, van cogidos de la mano, haciéndome
feliz y grata la vida.
Pues todo esto... hace que me sienta viva.

Soñando deseos.

Y en la oscuridad de la noche beso tus palabras, que noctámbulas
se tornan, se adueñan de mí mente, haciendo que sobre mí
almohada se manifieste la nostalgia al extrañar el verso latente de
tu latido.
Por cualquiera... nunca perdí el sueño.
Mordiendo el aire me duermo.
Y dormito entre mis pensamientos y mis anhelos.
Invadiste mi ser, y lo corpóreo y lo etéreo bailaron sinfonías de te
quieros al unísono.
Esclava mi piel se hizo de tu piel, y ahora mi condena
es estar exenta de su tacto.
Siento escalofríos, ateridos, al recordar los momentos de pasiones
vividos.
El silencio nocturno se rompe, con el sentimiento de aflicción
que acentúa el tic tac de mi corazón.
Y quiero robarle al tiempo.... robarle,
que me devuelva los momentos en los que me sentía como la
princesa del cuento.
Y ahora me siento destronada.....
He pactado con mi alma, que encadenada, se había apagado
dolida y arrodillada.
Caminara' reluciendo de nuevo, su aura fulgurara' iluminando el
sendero de las emociones.
Vistiendo la vida de los colores de la primavera...

Imaginándote.

Imaginar sosteniendo tu mirada, y sentir que el ruido se apaga.
Enmudece el entorno, y mi mente solo oye lo que mis ojos le
dicen... lo bello que es mirarte sonriendo sin tenerte delante.
Mi corazón se siente cautivo, cuando pienso en las líneas de tus
labios, seductores, que atrapan a mis etéreos besos que la
distancia caprichosa delimita.
Y me convierto en viento, para llegar sutilmente al epicentro de
tu ser, y así sientas todo el amor que mi alma te pueda ofrecer.
Ojalá!... Imagines como te imagino.

Soy un hada.

Me gustaría tener el poder de un hada, y esparcir con mi
varita sueños y misterios sobre tu almohada.
Y en las noches que esté despierta y no pueda conciliar el
sueño, sentir que estás soñando con mi presencia, que te
abrace el perfume de mi esencia.
Con mi sonrisa y que te envuelva como una suave brisa.
Con mi mirada, y que en tu retina se quede proyectada.
Con mis besos, de esos que no te puedes despegar, y
hacen a tu cuerpo y tu alma temblar.
Si...me siento como un hada, porque conseguí el más
hermoso de los deseos, el que hace tiempo ansío.
Ser la protagonista de tus sueños.
Ser la estrella de tu firmamento.
Ser... El amor de tu vida

Eternamente mariposa.

Pensándote... Imagino que mi corazón se transforma en
mariposa, y vuela hacia el lugar donde se encuentra el tuyo, y allí
se posa.
Aletea incesante, y sientes que los latidos se unifican, que la
pasión predomina, que el amor tiene color, porque tu ser se ha
impregnado de él.
Y recorre tus venas, tintándolas de rojo.
Empapa tu cuerpo, que se estremece sintiendo delirios que a su
paso van tomando vida.
Ya... no son sólo dos corazones que se encuentran, son un alma,
donde su aura vuela errante llena de sentimientos y emoción.
Qué bonito es sentirte como una etérea mariposa, y soñar que
vuelo hacia el cielo de tu universo

———————

Te amo.

Cierro los ojos... Y siento el quejido que produce la tortura de tus
labios sobre mi cuerpo.
Tu beso recorre palmo a palmo mi piel, adentrándose en el alma
de mi universo.
Mis estrellas se encienden con la pasión de tus manos, que emiten
destellos en lo más recóndito de mi ser.
Y me embriaga el perfume del momento, el que exhala el delirio
que acucia mis sentidos.
Ya, no existen solo tentaciones.
Una lluvia de sentimientos se cierne sobre el amor que crece, e
invade mi corazón que se siente emocionado con lo que acontece.
Solo dos palabras pueden expresar la emoción vivida, dos
palabras que se tornaran eternas...
¡Te amo!

———————

Amor en libertad.

El amor... Esa palabra mágica, que hace que la pasión enardecida
fluya por todas las comisuras de mis rincones.
Es sentir la emoción contigo, perdidos en un beso de paraíso.
Y va más allá el sentimiento que nos une.
Se expande en cada momento, y el reloj se para en la memoria del
tiempo.
Atemporal es el te quiero que suspira mis labios, y el deseo de
fundirme en cada poro de tu piel.
Lo que siento aquí en mi pecho es el latido de la vida, y despúes
de ella, nuestras almas seguirán amándose sin medida.
Quizá… Reencarnados en dos seres mágicos, bellos.
Donde sólo son uno, fluyendo de la tierra en armonía.
Abrazados a la eternidad
Viviendo su amor en libertad.

———————

Cuando estoy contigo.

Y cuando estoy contigo tomas mi corazón, te lo quedas y me lo
devuelves lleno de ti.
Me perturba el momento de tu mirada, es como si el cielo de la
noche se convirtiera en alborada.
Un minuto en tus labios, es como saborear el más dulce de los
chocolates.
El instante entre tus brazos, es una estrella fugaz que traspasa mi
ser, brillando como un haz de luz fulgurante.
Que mi amor por ti, es como un jardín de sueños, donde no
existe lo inalcanzable, ni las quimeras.
Solo trocitos de cariño hechos de vida.
Donde los silencios ya no tienen cabida.
Donde el color del alma se tiñe de rojo y predomina.
Y el delirio de la pasión se adueña y me domina.
Y el te quiero florece... Y eterno prevalece.

———————

Tengo miedo.

Tengo miedo a tener miedo.
Porque el vacío de tu ausencia me deje sumida en la nada, y mi
vida se torne carente de color y distorsionada.
Me acecharan las noches de insomnio sobre la almohada.
Ya no veré tus estrellas, esas que producen brillos e inquietudes
en lo más profundo de mi ser.
Tus manos ya no tatuaran deseos latentes sobre mí piel.
Y ausentes quedarán los delirios, esos que provocabas hasta el
amanecer.
Tus besos imantados, ya no ahogaran de mi garganta los gemidos,
esos que nublaban mi razón y mis sentidos.
Que el corazón enmudecerá, ya no latirá con pasión.
Y mis ojos derramaran lluvias de aflicciones.
Encerraré mis sentimientos en la maleta de los lamentos, y
esperaré un nuevo horizonte lleno de colores y momentos.

———————

Balada de amor.

Y le canté al viento lo que me mueve por dentro.
Una sinfonía de sentimientos, cuyas notas hacen vibrar mi
corazón.
Mis letras, son instrumentos para expresar lo que siento.
Besos versados, que tatuados permanecen indelebles.
Pasión musical, donde nuestros cuerpos fusionados bailan con el
deseo, haciendo del gemido la balada del momento vivido.
Tus manos deambulando por cada pliegue, cada comisura de mi
piel, son como destellos que al tacto fulguran y hacen latente la
sed del delirio, perturbando mi alma y seduciendo mi cordura.
Un te amo con dulzura hace temblar todo mi ser.
El amor se quedará para siempre... Y así en el tiempo prevalecer.

———————

Náufrago del corazón.

Soy como un náufrago, en medio de una tempestad de
emociones.
Donde mi corazón es una isla perdida, y el mar el llanto de mi
pena afligida.
La soledad se hace protagonista del momento, donde se oye hasta
el murmullo del silencio.
Las lágrimas acentuadas por el dolor ahogan mi garganta.
Enmudeciendo mi voz que exenta de habla ya ni ríe ni canta.
Y siento las cadenas que oprimen mi pecho como una condena,
que impiden avanzar hacia un horizonte donde se atisban días
soleados, acompañados por besos y cariño de enamorados.
Llegar hasta allí, y encontrar la bahía que llene de aromas y
colores el cielo de mis días.
Resumir en cuatro palabras el sentimiento de la experiencia
vivida.
El amor de mi vida.

———————

Desnudando mi corazón.

Desnudaste mi corazón.
Le hiciste el amor, y desde entonces cuando te pienso su tic tac
pronuncia tu nombre sintiendo que enardece la emoción.
Es un sentimiento tan puro como pasional, que se tornará por
siempre eterno y trascendental.
Y este intenso latido se expande por mi ser, haciendo estremecer
cada poro de mi piel.
Asoma mi alma temblorosa, sucumbiendo ante tanta belleza de
amor, y mis ojos... Lluvia de estrellas derramada cada noche que
te sueño sobre mí almohada.
Qué bonito regalo me dio la vida...
Un te amo perpetuo que me acompañará hasta el fin de mis días.

———————

Puedo ser.

Puedo ser como el agua fría de un manantial, que empapa tu
cuerpo y penetra en cada poro de tu piel.
Puedo ser el aire puro que te envuelva, y haga respirar el oxígeno
a tus sentidos.
Puedo ser el aliento de tu soledad, y convertir en halos de alegría
cada despertar de un nuevo día.
Puedo ser cada noche, el verso que hable de los besos que ansíen
tus labios y confieses a la luna.
Puedo ser eso por lo que suspiras, y te daría el alma de mi sonrisa.
Haciendo que el latir de tu corazón fuera la llama incandescente
que se tornará ferviente, cuando los ojos cerradas y en silencio me
pensaras.
Puedo ser...
Dime, ¿qué puedo ser?

———————

No quiero pensar...

No quiero pensar, quiero estar ausente para poder respirar.
Cada parte de mi mente es tuya, y me invade la inquietud del
recuerdo.
Mi ser se siente vulnerable.
Anochece sin estrellas en mi pecho, el tic tac ya no suena a
melodías de emoción.
El problema es que sueño contigo, y me despierto sin ti.
E intento ordenar el orden que desordenó mi vida, después del
caos que me produjo tu despedida.
Hice jardines de silencios donde nunca vi llover.
Mi sonrisa ya no brilla, se quedó atrapada en lo inefable del
momento vivido contigo.
Y descubrí... Que no sabía que el alma podía llorar y el corazón
apagarse, nunca sentí así, hasta que decidiste no quedarte.
No quiero pensar...

———————

Pensándote, soñándote.

Pensando en el horizonte de tu mirada, siento el amanecer bajo
mis pestañas.
Tu imagen vuela errante por mi mente, inspirándome poesías
enardecidas de amor, que hacen delatar mi sonrisa cuando escribo
tu nombre
Dicen... Que tu corazón se encuentra en la última persona que
piensas antes de dormir.
¿Es por eso que me siento como un puzle incompleto?
No hay que dejar nunca para mañana esos te quieros que puedan
ofrecer hoy.
Recuerdo, cuando de tus labios entre besos me susurrabas...
Solo tú me completas.
Y tus palabras, desprendían aromas de pasión cuando decías que
me amabas.
Esos momentos permanecerán atesorados por siempre en mis
sueños.
Y nuestras almas mimetizadas, serán los versos infinitos que
escriban el poema de nuestras vidas.
Y seguiré pensando...
Y seguiré soñando.

———————

Tú... mi latir.

Mis ojos se pierden en el oasis de tu mirada, profunda,
interminable, como un abismo sin fondo, donde navego en un
mar en calma…
Y me seduce.
La luna llena brilla, fulgurando con su halo, sintiendo el momento
como el más bello de los regalos.
Cada poro de mi piel respira estremecido, recordando como tus
manos dibujaban paraísos de delicias, que recorrían mi ser sin
pedir permiso.
Y ese momento vivido permanecerá sumiso en el corazón.
El alma emocionada, quedará impregnada por los versos de amor
que de mi pluma fluyan, a cada rato que mi mente los conciba y
los viva.
Y sé… Que este sentimiento no tendrá fin, ni se extinguirá en el
tiempo.
Y seguirá siendo hermoso e inmarcesible.
Tú... El latir de mi universo.
Tú... El latir de mi pensamiento.
Tú... El latir de mi existir.
Amarte es saber esperarte...

———————

El sortilegio de tu amor.

Llega la noche, miro el cielo, y un horizonte de estrellas iluminan
el silencio.
Dos supernovas impactan sobre mí mirada, veo tus ojos brillando
como un haz de luz fulgurante.
Y me quedo ahí... ensimismada.
Mi imaginación, sigue volando sobre ese firmamento, evocando
melodías besadas cuando tus labios tomaban el carmín de las
líneas de mi boca
La emoción invade mis sentidos, haciendo de lo inefable el
momento vivido.
Y dormito entre la inmensidad del recuerdo, que me embriaga el
aroma de tu ser, que no se disipa, no sé desvanece.
Permanece intacto enredándose en la memoria del tiempo.
Y ahí entre el alma y el corazón, se encuentra el punto
equidistante que dejó el sortilegio de tu amor.
Hechizando por siempre el latido, haciendo palpitar la vida con
aires de paraíso.
Y seguiré mi camino....
Donde un sendero de luciérnagas me llevarán a mi destino.
Donde quizá te encuentre de nuevo.
Donde lo real vuelva a ser nuestro universo.

———————

Me siento.

Me siento como el vino rojo, potente, con aroma de deseo y
sabor envolvente.
Y me deslizo entre lo sutil y la pasión más animal, pensando en
mí cama escenas idealizadas, que no serían quimeras al verse
realizadas.
Y me atropella el recuerdo cuando me decías entre besos
suspirados...
¿Sabes que es el arte?
Arte es sentir tu beso y de pasión desbordarme.
Escribir poesía y a tu corazón hablarle.
No importa en qué sitio, no importa en qué lugar.
Seguiría la estela de tu amor, que como un cometa vagaría
errante, para así poder encontrarte.
Y me iría a Marte, hasta allí iría a buscarte vestida de astronauta, y
con el corazón relleno para darte.
Fiel soy al sentimiento que atesoro aquí en mi pecho.
A veces, caprichoso el destino marca tu sino, poniendo en tu
camino a alguien con una gran esencia.
Te enamora y después desaparece, te deja su alma que vive en ti, y
sientes que te pertenece.
Sentí, siento y sentiré....
Mi ser está repleto de pedacitos de ti.
Siempre seré el hada que te hacia soñar misterios sobre la
almohada.
Seré la estrella que ilumine el sendero de tu vida.
Seré parte de tu existencia, y tú.... De la mía.

———————

Pensándote.

Y en la oscuridad de la noche beso tus palabras, que noctámbulas se tornan, se adueñan de mí mente, haciendo que sobre mí almohada se manifieste la nostalgia, al extrañar el verso latente de tu latido. Por cualquiera nunca perdí el sueño. Mordiendo el aire me duermo. Invadiste mi ser, y lo corpóreo y lo etéreo bailaron sinfonías de te quieros al unísono. Esclava mi piel se hizo de ti piel, y ahora mi condena es estar exenta de su tacto. Siento escalofríos, ateridos, al recordar los momentos vividos. El silencio nocturno se rompe, con el sentimiento de aflicción que acentúa el tic tac de mi corazón. Y quiero robarle al tiempo... ¡Robarle! Que me devuelva los momentos en los que me sentía como la princesa del cuento. Y ahora me siento destronada... He pactado con mi alma, que encadenada, se había apagado dolida y arrodillada. Caminara reluciendo de nuevo, su aura fulgurara' iluminando el sendero de las emociones. Vistiendo la vida de los colores de la primavera.

———————

¿Qué me diste?

¿Qué me diste?
Que te pienso y el corazón se acelera, de amor tiembla y de pudor
se desviste.
Se me desabrocha el alma, que con el hilo del miedo la tenía
hilvanada.
Ya no siento el invierno, me despojé de la nieve y el frío
marchito.
Ya no llueven silencios, ni reservas en los deseos.
Como una exhalación revolotean las mariposas, y hacen que se
desate lo inefable del sentimiento, ese que huele a primavera, ese
que cuando cierras los ojos, el viento trae susurros de un te
quiero suspirando.
Mis labios besan tu nombre, hacen alusiones de como vibran las
emociones.
Y este sentir deambulará en el devenir del tiempo.
No permanecerá oculto, transitará por el sendero de la vida, y
cruzará el umbral de la despedida.
Fue, es, y será... Presente e inmortal
Será por siempre un te amo más allá de lo terrenal.
Qué bonito es pensarte.
Qué bello es amarte.
Inmarcesible...

———————

Siento.

Como una flor, que florece en un desierto árido y yermo de amor.
Como una mariposa, que aletea temblorosa en el lugar más glacial
del corazón.
Como el sentimiento que sin permiso penetra en el alma,
haciendo caso omiso al nublado de la razón.
Como el anhelo más pasional, que aviva la sed del delirio y seduce
el momento.
Como la ola que rompe el dique seco, mojando de alegría el
devenir de tus días.
Así siento que sientes… ¡Cuando te pienso!

———————

Reflexiones.

Se nos va la vida en nimiedades y cosas banales.
En fachadas que brillan y otros envidian.
Felicidad creada y para muchos deseada.
Seamos honestos y hablemos con el corazón abierto.
Hagamos que emerja nuestra esencia sin miedo y sin vergüenza...
Pues, las almas nobles y puras no necesitan de halagos ni
vestiduras.

———————

Confesiones.

Desde no hace mucho tiempo, decidí vivir el momento.
Cambiar mi vida, para poder sentirme viva.
Me sentía vacía… Aunque siempre sonreía.
Me preguntaba... ¿Por qué no te gusta tu vida?
Dar las cosas por sentado y no considerar a la persona que tienes
al lado, hace que ese amor que creías afianzado se derrumbe y se
dé por acabado.
En un Fénix me convertí, y la inseguridad y la tristeza abatí.
Un sendero de emociones, hace que mi vida se torne de colores y
sensaciones.
Encontré el amor, y desapareció el desamor, su corazón me da
ternura y calor.
Entre verso y rima crece mi autoestima, sentimiento que me
embarga, y una plena felicidad me embriaga.
Querida me siento por personas con talento, mi más sincero
agradecimiento.
Ya no tengo frío… Sino el abrigo del cariño..

―――――――――

Añoranzas.

Llueve, tarde de nostalgia y eso me conmueve.
Añoranzas de un pasado, esperanzas de un horizonte disipado.
Gotas de lluvia golpean mis pensamientos, que ponen en alerta
mis sentimientos.
Una oleada de lluvia salada inunda mi mirada, y deja mojada mi
almohada.
No quiero sentirme frustrada, sonrió...
Quiero tener la magia de un hada, para así ahogar mi pena y mi
alma se sienta libre y aliviada.

———————

Sentimientos del corazón.

El corazón y su terquedad, no entiende de lisonjas ni media
verdad.
Solo de amor y de sentimientos, no de aires de tempestad.
Sufre, siente, y padece por alguien que le deja huella y prevalece.
Se enamora, se apasiona y en poderoso ciclón se torna.
Se emociona, y si le hacen daño se desmorona.
Todas estas cosas del corazón a veces colisionan con la razón, y
crean cierta confusión, aunque para mí son una perfecta
conjunción....
El raciocinio y el corazón.
¿Lo crees como lo creo yo?

———————

Historia del Sol y la Luna.

Esta es la historia de un amor sempiterno, sin fin.
Un amor puro, de esos que se aman por encima de todas las
cosas... Desde el alma.
El sol, astro rey, majestuoso, poderoso, nos irradia con su calor,
es el calefactor del mundo.
Tenía una debilidad... La luna.
Reina de la noche, enigmática, tan mágica.
Inspiradora de poetas, moradora de sueños, el faro nocturno del
planeta.
El sol, amaba tanto a la luna que todos los días moría de amor
por ella.
No podía tocarla, ni besarla... Solo adorarla
La luna asomaba tímida y al sol sonreía, lo miraba hasta que
desaparecía.
Por un instante veía a su amado, y su corazón se quedaba
desolado.
No podía disfrutar de su enamorado… Tan deseado.
Solo ansiaba verlo de nuevo con el lucero del alba.
Sentir ese latir, y asumir que la tristeza no la dejaba vivir.
Amor incondicional, trascendental,
Para siempre... Inmortal.

Suspirando.

Te fuiste con un hasta pronto... Y suspiré al cielo que velara mi
desvelo
Le rogué a las estrellas que me pensaras, y te enviaran besos de
esos que brillan como centellas.
Le supliqué a la luna que me siguieras amando, y por mis besos
siguieras suspirando.
Que los te quieros, no tienen espera cuando se trata de amor
verdadero, y la sombra del olvido no tiene protagonismo ni
sentido.

———————

Te siento.

Te siento cerca, aquí en mi pecho.
El latido da paso al suspiro que se acrecienta, y que no puede
evitar sentir la emoción que lo alimenta.
El amor se tiñe de rojo, caminando errante por mis venas,
dándole la vida a mi corazón.
Mi alma ya no está exenta de habla, vuela hacia tus labios, para
decirte, que cada vez que te pienso se para el universo, que por ti
son mis versos, que muero por perderme en tus besos, y que la
vida.... Ya no duele si la tuya está junto a la mía...

———————

Déjame decirte.

Déjame decirte... Que el calor de mi beso, es la manifestación del
amor que te profeso.
Que desde que te conocí, la vida tiene color de primavera y
aroma a la flor de la canela.
Que mi corazón ya no tiembla de frío aterido.
Y qué ya no existen las noches con lágrimas de escarchas.
Que mi alma ya no deambula perdida.
Tu amor, fue la brújula que la hizo caminar al unísono junto a la
tuya.
Ahora sé lo que es amarte, es querer de tu olor impregnarme, de
pasión suspirarte...
Es como tocar la luna y de su halo embriagarme.

———————

La magia del amor.

No quiero palabras que atenten a mi corazón.
Te quiero tanto que se niega a vivir cansado, devastado y sin
emoción.
Déjame ser el sentimiento que necesites para seguir viviendo.
Ser el bálsamo que sane tus heridas, y el beso que te arrope en las
noches de insomnio.
Agarra mi mano cuando creas que no hay salida, que te devuelva
la calma y la pena sé de así por vencida.
Decirte, que las personas especiales lo son porque hacen que los
momentos bellos no sean solo perfectos, también sean mágicos.
No dejes de vivir nunca la magia...
La magia del amor

____

Sentimientos estacionales.

Como los árboles desnudos cayéndoles las hojas…
Así me siento en otoño. Despojándome de todo aquello que
durante el año no me ha dejado avanzar.
Es tiempo de renovación del yo, el estado de ánimo se opaca,
preparando la transición hacia
El invierno...
Donde el frío no congela mi corazón, ni abraza el vacío.
Mi lluvias, ni relámpagos, ni tormentas de desidia ni apatía,
tendrán cabida para poder continuar mi día a día.
Y veré como florece mi ser con la llegada de la...
Primavera,
Maravillosa estación, donde los aromas, los colores, hacen
intensificar la emoción, y respirar momentos de vivencias, que
hará más preciada mi existencia.
Y así... Caminando sin pausa pero sin prisa.
Vendrá...
El verano, con sus rayos de sol y su brisa.
Que hará que mi alma se quede en calma, y me ayude a encontrar
el trayecto hacia un destino donde el sentimiento del amor, la
amistad, y la pasión sean protagonistas de un nuevo horizonte...
Un nuevo camino.
Y andaré sin temor, con fortaleza, con decisión… Sonriendo,
viviendo.

Seducción.

Mirarte con pose sinuosa, y decirte que me haces sentir poderosa.
Tus ojos me miran con la codicia del deseo, que auguran intensos
delirios con tus besos
Sientes mi cuerpo incandescente, que es receptivo al fuego
volcánico que emana de tu ser efervescente.
Te aproximas... Tus manos se deslizan con premura, y siento que
el momento me tortura.
Dame el fluir de tus sentidos, y dale locura a mis gemidos...
Y qué mi cuerpo y mi alma mueran por el éxtasis vencidos.

———————

Abrázame.

Abrázame, que me da miedo perderme
Que sienta tus brazos como un nudo de dos lazos, que se
enreden en los míos y que al cielo me lleven sintiendo escalofríos.
Te dije.: dame la luna... Y vi el brillo de las estrellas en tu sonrisa.
Y ya no hay desiertos áridos, ni tormentas de arena, solo el oasis
de agua pura que emana de tu ser y que reside en mi alma.

———————

Soñando.

Sueña con mis sueños, atrévete a ser el aviador de mi infinito.
Vuela sobre las estrellas de mi universo, piérdete en la euforia de
mis besos y sé el protagonista de mis deseos,
Esos que inspiran las letras de mis versos.
Dame el aroma de tus besos de chocolate... Ya no quiero
tan solo soñarte

———————

Te vi...

Te vi,... Y en ese instante el viento suspiró,
Y la brisa creo sueños etéreos, donde volaban las emociones.
Inspirándome las letras de las más bellas canciones.
Te miro, beso tu mirada... Y fuegos artificiales atraviesan mi
pecho, haciendo enardecer el lugar donde habitan las pasiones, y
la sensibilidad de las emociones...
¡El alma!

Pensándote.

Se me caen los besos de la boca, cuando tus ojos me acarician, y
siento que mi piel provoca.
Tu aliento, se convierte en un halo de deseo que embriaga la
sensualidad, haciendo del arrebato el preludio de pasión más
inmediato.
Tus manos deambulan entre las comisuras de mi piel.
Escriben sutilezas de poemas embriagados, con aromas de
pasiones y clavel.
Y en sueños respiro tus delirios.
Y mi cuerpo estremecido, despierta al instinto que se encontraba
en mi ser adormecido.
Y cierro los ojos...
Oigo susurrar al viento, que trae el sonido de tu voz y me deja sin
aliento.
Dame tu amor si argumentos.

Recuerdos cálidos.

En esta noche calurosa de verano, una brisa etérea me acaricia.
Haciendo recordar la emoción de la piel., cuando tus manos
escribían la poesía que hacía erizar todo mi ser.
Tumbada en el sofá, cruzada de piernas, observando a la luna con
la mirada entreabierta.
Imagino anhelos y respiro suspiros, al recordar la magia de tus
besos, que producen el insomnio de mis sueños.
Mi mundo se torna fantasía, al pensar en tus labios besados con
las letras de mi poesía.
Tu sonrisa toma vida, y mi alma ya no se siente sola y desvalida.
El mirar de tus ojos me hace perder la razón,
Y tus palabras se amor, hacen cosquillas a mi corazón.

———————

Sin ti...

Sin ti...
Ya no sale más la luz del sol, el hastío es un vacío que prevalece y
mi mundo oscurece.
Mis lágrimas, son gotas escarchadas ateridas de aflicción que van
rasgando mi corazón.
Mi alma, siente el vértigo de la inquietud desde que decidiste no
quedarte
La fragilidad, se adueña de mí resiliencia al sentir de tu latido la
ausencia.
Los momentos que nos amamos, y los te amo de tus labios serán
el eco errante, que vuele etéreo por el universo de mis emociones.
El aroma de la ilusión se desvanece.
Y la vida sigue.... Pero, duele sin ti.

———————————

La vida y yo.

Siempre sentí, que el transcurso de la vida me llevaría a
horizontes, donde los sueños no fueran quimeras.
Donde el amor volvería a desnudarme el alma, y el corazón latiera
de pasión con vehemencia.
Las luces de la vida son como perpetuas luciérnagas, que van
iluminando el sendero del camino, ese designado por mi destino.
Y durante ese trayecto voy parando... Y me encuentro
Creo un oasis para retomar mi tiempo.
No quiero retrocesos, ni recordar palabras envenenadas envueltas
de te quieros y dulces de besos.
Y la vida me va encontrando, me ofrece amaneceres rellenos de
arco iris, que me hacen pintar paisajes de ensueño, abarcando
todas las gamas cromáticas.
Donde las palabras se convierten en canto... Si, canto.
Mi voz es transmisora del sentimiento que habita en mi pecho, y
mi alma es la música etérea que emerge enardeciendo la emoción.
Mi razón tiene autoridad y no debate simplezas, pues la música y
la poesía quien da esencia a la vida.
Amo, pienso y siento...
Solo tienes que mirar a los ojos y verás mi interior.

———————

Besarte.

El mundo....
Si te besara, sería como una isla desierta.
Por mucha gente que pasara cerca de nosotros no la percibiría, no
me daría cuenta.
Tan solo estaría pendiente de enredarme en tus labios...
Y no despegarme.
Abrazarte y no saciarme,
Besarte y no cansarme,
Amarte y no olvidarme.
Que solo tú, eres el que en mi corazón te enredaste.
Que mi vida sin la tuya, es como una galaxia sin estrellas, un
poema sin palabras bellas, un desierto árido sin noches de lunas
gélidas.

———————

Horizontes y esperanzas.

Allá, donde el ocaso asoma, sobre el horizonte se desdibuja el día.
Hacia su descanso el sol se retira, dándole a la luna la bienvenida,
que aparece tímidamente saludando a las estrellas, desde el este
hasta el oeste.
Fieles aliadas, amigas de las hadas.
Y qué unidas... Hacen que nuestros sueños llenen de esperanzas
nuestras vidas.

———————

Resurgir.

Le arrebataron sus alas por amor, y se volvió un ser oscuro y
lleno de rencor.
No tuvo compasión, y le negó a su corazón el latido del cariño y
la pasión.
Deambulo' hostil entre las tinieblas de su soledad.
Bailo' con el silencio, y sucumbió al ego de su propia existencia.
Pero... Un atisbo de esperanza apareció en el horizonte.
Un alma noble, nítida y pura le enseño' que la vida no sólo tiene
sombras y pesares.
Que existe la luz, los sueños y la alegría del amor.
Y como por arte de magia regresaron sus alas, con más brillo que
nunca, fulgurantes, haciendo del momento el resurgir de una
nueva vida....
Sin sufrimientos, sin lamentos...

———————

Pasión y la Luna.

Bajo la luz de la luna, los gatos maúllan.
Los que se aman, sucumben al latido del deseo, y afianzan con un
beso todo el amor que se tienen cuando se dicen te quiero.
Mi respiración se acelera con el brillo de tu mirar, que impulsa a
mis instintos, aumentando así la pasión en mi corazón.
El tacto de mi piel vuelve incandescente todo tu ser.
Los gemidos se funden con los te quieros, y las miradas de amor
se tornan eternas y suspiradas.
El delirio se hace presente en cada arrebato del momento.
Sentimiento y deseo unidos al son de la mejor canción.
Tú y yo cantando la misma balada, desde el cielo de nuestro
amor.

———————

Te imagino.

Cada vez que pienso en ti...
Me imagino tu boca dejando tu sabor muy dentro de mí.
Tus dedos se deslizan por mi cuerpo., que sin pagar peaje dibujan
deseos hechos tatuajes.
Tu mirada latiendo perturbada, al oír el gemido de mi garganta
alterada.
Un instinto con latido, que va creciendo y al nirvana me eleva el
sentido.
Ya, mi corazón y tu alma en conjunción unidos, respirando la
misma calma.
Saboreando ese beso y tu sonrisa…

―――――――――

Mi vida, mi libro.

¿Qué es la vida?
Sino un libro abarrotado de historias, de momentos llenos de
ilusiones, esperanzas, sueños, del cual somos los protagonistas.
Donde hay amores, penas, alegría, llantos, emociones, felicidad, y
páginas en blanco esperando ser escritas por nuestro destino, el
maestro de ceremonias de lo que acontece en nuestra vida.
También cambia de color, si... Mi libro es de colores.
Cuando mi alma está serena y en calma se torna azul.
Cuando mi corazón de amor rebosa, se convierte en rosa.
Cuando mi sonrisa como el sol brilla, el amarillo predomina.
Cuando los sueños e ilusiones se convierten en esperanzas,
florece el verde.
Cuando se tiñe la pasión en cada momento que vivo con
emoción, me invade el rojo (mi color favorito).
Así es como me siento en cada momento vivido.
Mi libro... Una vida irisada llena de matices.

———————

Besos.

Besos, besos, besos....
Son la manifestación del cariño que siente el corazón.
Fugaces, pasionales, eternos.
Los besos, son sinfonías de los momentos vividos.
El mundo, se torna fantasía cuando unos labios son besados con
letras de poesía.
Que si se pudiera congelar el momento, conservaríamos el deseo
ardiente de un beso.
Que la magia de los besos, nos hacen vibrar anhelos y respirar
suspiros.
Que cuando se recibe un beso de amor, el tiempo se paraliza, no
se perciben ruidos, ni sonidos, es como estar en una isla desierta,
sólo existen el enredarse en esos labios que te seducen y te
atrapan.
Que por uno de esos besos, das el todo de tu universo.
Que hay besos que se antojan como el más dulce de los
chocolates.
Que una mirada ardiente, es el preámbulo del beso de los besos.
Besos apasionados, delirantes que causan vértigos inquietantes.
Besos... De esos que retumba el suelo bajo mis pies

———————

Dame una noche...

De esas donde la pasión se desborde, y nuestros cuerpos se expresen con derroche.

Que tus ávidas manos se deslicen por mi piel, y que tu boca al saborear mi cuerpo se te antoje tan dulce como la miel.

Que te sientas aguerrido, cuando te susurro al oído lo que me provoca el latido de tu gemido.

Que pierda la cordura, cuando me invada esa dulce tortura al sentir el vaivén de tus caderas sin prisa y sin mesura.

Sosteniendo las miradas, y que se sientan del mundo aisladas.

Dando lugar a ese beso... Como colofón a tanta pasión y deseo.

Solo... Dame una noche!

———————

Soy.

Definirme como soy, no sé si es tarea fácil, porque hay veces, que
no vemos de nosotros mismos lo que los demás ven.
Me considero un poco rebelde, porque no me conformo con
dejar la vida pasar.
Pienso que hay que luchar por lo que uno cree, por lo que de
verdad importa y nos hace felices.
El paso de los años, me ha enseñado a ser más tolerante y menos
intransigente.
No juzgar, cada cual tiene su pasado, y todos cometemos errores.
Además para evolucionar hay que aceptar y comprender,
subsanar aquello que nos hizo errar, y actuar con desatino.
Siempre digo de mí, que soy perfectamente imperfecta, porque si
no sería muy aburrida y no tendría sentido vivir la vida.
Soy empática, y tanto las penas como las alegrías me llegan muy
adentro, ahí.... En el corazón.
Me encantan los animales, de hecho tengo una gatita siamesa
preciosa, Ena, a la que adoro.
Valoro mucho la amistad, la lealtad.
Ser millonaria en amigos y la familia, son pilares básicos para
seguir caminando.
Siempre veo el vaso medio lleno, y pienso que después de la
tormenta siempre sale el arco iris.
Soy apasionada, romántica, y soñadora. La esperanza, los sueños,
las ilusiones, alimentan el alma y me ayudan a vivir el día a día.
Soy feliz cantando, me encanta cantar, y dicen que no lo hago
mal.
También escribo, me gusta la poesía, aunque soy de mente
inquieta y osada, me gustan los retos.
Pero, lo que más me llena, y hace expresarme con emoción es
escribir sobre el amor y el desamor., de ese que se siente desde el
alma.

———

Tu mirada.

Un instante que es un sueño, un momento que es eterno, una
canción que no acaba.
Así me siento cuando me enredo en tu mirada.
Sin tu mirada mi alma esta' vacía.
Mi vida se torna triste y fría, y se va extinguiendo mi sonrisa.

———————

Inconmensurable.

Cuando siento de tu mirada el latido.
Cuando siento de tus abrazos el abrigo.
Cuando siento de tus labios lo prohibido.
Eso.... Eso es tocar lo inconmensurable.

———————

Relatos cortos

Soy una de esas rebeldes.

Soy, una de esas rebeldes que no se conforman con dejar la vida pasar.

Hay que vivirla, luchar por lo que uno cree, por lo que le hace feliz.

Mostrar rebeldía ante las injusticias, la intolerancia, y rebelarse ante la opresión y las cadenas que no nos dejan avanzar para poder seguir caminando.

Soy una de esas rebeldes, ante la actitud que tomo en mi día a día.

Ver siempre el vaso medio lleno, ver siempre el arco iris después de la tormenta.

Ni la desidia ni la apatía, tienen cabida en mi vida.

Me considero perfectamente imperfecta, no soy esclava de la frivolidad ni de las apariencias.

Quiero que me vean y me quieran tal y como soy.

Una mujer que tiene inquietudes y se expresa con pasión, que es millonaria en amigos, y por todo ello el latido de su corazón se acelera, le hace temblar hasta el alma de emoción…

———————

Meditando.

La noche tan preciada para mí, me hace pensar el tiempo atrás en que viví.

Una vida con sus momentos, unos perfectos, otros de alegría exentos.

Lloré... Lloré… y también reí.

Amé con el alma y sufrí con el corazón.

He aprendido a ser más tolerante, y mirar siempre hacia delante.

A no juzgar, y con los sentimientos no jugar.

Ofrecer primaveras y dar color a las esperas.

No soñar solo durmiendo, tener ilusiones y los obstáculos venciendo.

Del arco iris he hecho mi bandera, intento ser optimista allí donde se me quiera.

Soy millonaria en amigos, que son los que me Dan abrigo.

Tengo amigos virtuales, que para mí son reales, siempre se muestran amables, y consiguen que realice cosas que creía inalcanzables.

El amor envuelve mi vida, y me hace feliz día a día.

Nunca sabemos lo que el destino nos va a deparar.

Solo hay que desplegar las alas y ¡volar!

Renacer.

Perdida me hallaba sin rumbo. Me lamentaba, ya nadie me guiaba.

Pero… La luz de un nuevo amanecer, me hizo renacer.

Mi sonrisa volvió a florecer, y la ilusión en mi volvió a emerger.

La vida se torna de colores, mi mundo se llena de sensaciones, ya no hay cabida para los sinsabores…

Mi dicha reside en el corazón y en el alma, que hacen que estén en armonía mi karma y mi calma.

Ya no quiero el frio, tengo el abrigo del cariño.

Ahora soy Primavera... Esa que mis sentidos y mis emociones libera.

———————

Vivencias.

Los cambios en la vida, son gratamente inesperados...
Ella se sentía sola, aunque tuviera gente a su alrededor.
No se quejaba, solo trabajaba, y nunca se paraba a pensar si disfrutaba.
Si vida se convirtió en una costumbre rutinaria, y en afectos minoritaria.
El destino hizo acto de presencia, y le puso en su camino a alguien con una gran esencia.
Todo cambió de repente, y quedó atrapada en un halo envolvente.
De aquí, radica el origen de su cambio.
Desde entonces... Ve las cosas desde otra perspectiva, y siente que su alma está viva.
Esa persona le enseño a ser más tolerante, y menos intransigente, ser empática con la gente.
Que lo importante, es ser millonario en amigos, que son los que te cobijan y te dan abrigo.
Ahora ya no está en su vida, pero le mostró un universo de emociones, donde sobran los rencores.

Inquietudes.

No obtener respuesta, sobre aquello que nos va a aconteciendo a lo largo de nuestra vida, nos crea cierta incertidumbre e inseguridad.
Somos impacientes emocionales, que a veces adelantando acontecimientos, creemos que vamos a cambiar nuestro destino.
Yo creo firmemente que ya lo tenemos designado.
Que las casualidades no existen, que todo ocurre por algún motivo.
Así que... Vivamos cada día con la emoción de recibir algo nuevo, y no adelantemos inciertas expectativas
Ahora, que la serenidad de la edad está presente, ella es la que asesora mis sentimientos y su libertad.
Siento esa calma, que me da la paz y me eleva el alma.

Corazones.

Nunca vi un corazón negro, ni tampoco blanco. ¿Tú, lo has visto alguna vez?

Yo solo lo he visto de color rojo, y la sangre que fluye por él también lo es, a todos nos late igual.

Entonces... ¿Por qué esa animadversión por las personas que son de distinta raza, distinto color?

Esos... Bueno, no sé cómo llamarlos, ¿individuos?

¿Tienen quizá un corazón diferente?

En este mundo maravilloso en el cual vivimos, hay cabida para todos.

Porque todos somos seres humanos.

Al igual que las flores... Hay multitud de ellas, de todos los colores, tamaños y olores, pero todas son hermosas y tienen su sitio.

Todos los seres humanos, absolutamente todos, son dignos de respeto, igualdad y derecho.

———————

El trayecto de mi vida.

Hace no mucho tiempo, me embarque en un viaje, en nuevo proyecto de vida.

Lo inicie' yo sola, no sabía dónde iba, ni lo que me iba a deparar el destino.

Solo sabía que tenía que cambiar de rumbo, porque me estaba asfixiando y mi corazón se iba desgastando, no palpitaba con emoción, y el día a día se convirtió en una rutina que carecía se ilusión.

El comienzo fue duro, me abrumaba la soledad.

Pero, seguí caminando, buscando el anhelo de la libertad.

Me encontré durante ese trayecto a alguien por casualidad.

Un ser mágico, de esos que aparece cuando más lo necesitas Yo, tuve esa suerte.

El destino, la vida (da igual como lo llamemos), fue generosa y magnánima conmigo…

Aprendí, que hay que ser más empático, más tolerante, y menos intransigente.

Que somos millonarios en amigos, que son los que te dan abrigo.

Que nunca abandone mis sueños, soy fuerte, un Fénix.

Y así fue… Resurgí de mis propias cenizas, y volé hacia un nuevo horizonte, donde la música, el canto, la poesía, irisan mi travesía.

La esencia de ese ser tan especial, esta' atesorada aquí en mi pecho.

Y por las noches, mirando a las estrellas, le pienso...

Y acarició su recuerdo.

Deseo incipiente.

Él, se fue hacía casi ya dos meses, una despedida con llanto y dolor.

Y ahí estaba, sentada en un bar de madrugada, con la mirada perdida, moviendo muy despacio la cucharilla de la taza del café.

De repente, se abrió la puerta, ella seguía ensimismada con el recuerdo de aquel día, pero el sonido de una voz grave, muy masculina pidiendo un café llamó su atención.

Ojos castaños, de mirada profunda, moreno con una melena preciosa, unos labios que invitaban a besarlos.

Él se acercó a la mesa, se sentó sin apartar la mirada.

Ella sin saber por qué se estremeció, ese hombre tenía el poder de perturbarla.

Saboreó la cucharilla y se mordió el labio inferior.

¡Uff! Qué sensación, nunca se había sentido tan sexy.

Por un momento dejó de pensar en ese recuerdo amargo, solo quería sucumbir a esa excitación que estaba sintiendo.

Besar esos labios, sentir esas sus manos por cada comisura de su piel.

El cayó rendido ante la sensualidad y la mirada de esos ojos verdes, que le sugerían un incipiente deseo.

Ella se levantó sin apartar la mirada, y rozando suavemente la mano en su cuello.

Fue hacia la puerta y salió.

Él, receptivo ante tanta sensualidad salió sin pensarlo, buscando a esa mujer que le había hecho perder el sentido.

Allí estaba ella, esperándolo en el callejón de al lado, con la blusa desabrochada, con sus senos erguidos y blancos como la nieve.

Ya no había marcha atrás... La pasión se hizo protagonista de ese momento.

Ella busco el placer... Sin pretenderlo.

———

Madre.

Madres...

Que decir sobre ellas, si son el motor de la existencia.

Engendran vida, y dan la vida por los seres que llevan consigo en su vientre.

Te cuida, te protege, te educa, pero sobre todo te ama por encima de todas las cosas.

Te forma como persona, torneándote, moldeándote, como una figurita de barro, hasta convertirte en porcelana, enseñándote valores, principios.... Haciéndote crecer emocionalmente, preparándote para que puedas alzar el vuelo sobre un horizonte, incierto... Si, pero en el cual te esperan la gran aventura que es vivir.

Donde acontecerán momentos, situaciones que formaran siempre parte de tu existir.

Madre... La gran maestra de ceremonias de tu trayecto, de tu camino.

Orgullosa de ser ¡madre!

La señora y su perrito.

Asomada en mi ventana, observo cada día como Dan un paseo una señora muy mayor y su perrito.

Ella con su tacatá anda despacio, con la espalda encorvada.

El animalito es muy gracioso, pequeñito, también muy viejecito, y vestido con una especie de abrigo manta d muchos colores.

Él se adelanta durante el paseo, y es curioso, como pacientemente espera a su dueña para no perderla de vista.

Es como una secuencia, porque todos los días sucede la misma escena, llena de ternura y cariño.

Y así... Observando pienso, que las canas no hacen perder las ganas... Las ganas de vivir.

Que la edad asesora la vida, y esta señora y su querido perrito atesoran muchas vivencias, muchos momentos, y son una parte muy importante de su propia existencia...

El tiempo es paciencia.

———————

Ruidos.

¿Ruidos?

¿Qué es eso?

¿La nada tiene sonido?

Leo los labios y me comunico con las manos.

No sé cómo canta un pájaro.

No sé cómo suena una canción.

Bueno, eso dicen, que todo eso suena, yo... No lo sé.

Solo sé que mi corazón tiene latido, que siente la emoción, la pasión.

Que me sale la sonrisa, y mi mundo mudo se irisa cuando me hace feliz la vida.

Siento, amo, vivo sin miedo.

En silencio...

Un oasis... Mi silencio.

———————

El objeto.

Mi vida no tiene fecha de caducidad, aunque soy frágil y me puedo hacer añicos.

Me usan muchísimo, me siento utilizado.

Vierten líquidos en mi interior, y tengo que soportar el aliento, los labios pegados en mi estructura, los fluidos que dejan los dueños de esos labios sobre mí.

No siento ni frío n calor, pero en invierno beben esos líquidos muy calientes, y en verano muy fríos. En el fondo me siento importante, pues gracias a mi los seres humanos se hidratan, se endulzan, les mitigo la sed.

Puedo adoptar varias formas, colores... Soy divertido.

No me tienen en cuenta, pero en el fondo no pueden pasar sin mí.

Llevo existiendo... ¡Uf! Yo diría desde siempre.

Sobrevivo con el paso de los años, y sigo siendo un objeto muy usado y necesario.

¿Sabes que objeto soy?

———————

Mi amiga Silvia.

A lo largo de nuestra vida, aparecen personas con idas y venidas.
Pero hay algunas que son la excepción, porque se quedan anidadas en tu corazón.
Son seres "Faro", que iluminan el mar donde navega la amistad y la, lealtad.
Tengo la suerte de tener una amiga así en mi vida, que me da el beso del cariño, y que cuando sonríe... tiene la inocencia de un niño.
De la tristeza es enemiga, es ingeniosa y también divertida.
Noble, tierna, generosa y de emoción temblorosa, con una sensibilidad dulce y maravillosa.
Lo bonito de su alma te desarma, y te llena de paz y calma.
Mi querida amiga, gracias por estar en mi vida y no estar solo de ida. ¿Sabes o qué?
¡Gracias Silvia!

La amistad.

La amistad es un bien preciado que no se encuentra por casualidad.

Amig@ es el/la que a tu corazón le da abrigo, y desinteresadamente está contigo.

No está presente solo para mostrarte una cara sonriente, sino para apoyarte y sientas que no esté distante.

La vida son momentos.

No hay cabida para los lamentos, disfruta sin arrepentimientos.

Vive las pasiones, no tengas miedo a la respuesta de tus emociones.

Vívelo, disfruta…

Pues el final del trayecto te puede acechar en cualquier momento...

———

A Rapsodia del alma.

Callado, mudo, embelesado
quedo tras este lindo viaje
por el alma de una estrella
que nos enseña su universo.

Pues no hay renglón ni verso
que no nos transporte a ella,
a gozar de su porte y linaje,
ese lenguaje de sentirte amado.

Absorto, dolido, enamorado
de palabras que son equipaje
de un camino que deja huella
por ese amor limpio y terso.

Y conmigo ahora converso
para entender a esa estrella
que me llevó en este viaje
del que me quedé prendado.

Juan José Donaire García

Elena Cases Valle (Valencia 1967)
Escritora, poetisa y rapsoda.

Mi gran pasión es transmitir y compartir mis sentimientos a través de la poesía y de una prosa poética de emana desde mi corazón e incluso podría decir desde mi alma.

Rapsodia del alma es una obra intimista que desarrolla esos sentimientos sempiternos y arraigados que dan luz a toda una vida dedicada al concepto del amor.

Escritos que pretendo que hagan vibrar, soñar y sentir al lector con esos sentimientos que todos hemos tenido y que merecen ser proclamados a los cuatro vientos.

Sin duda la vida se compone de luces y sombras que forman un todo, y eso es lo que he querido reflejar en este poemario, ese amor y desamor, las añoranzas, las ilusiones y los sueños y fantasías que nos hacen sentirnos vivos.

Elena Cases